AF126423

MUSE

Noëlline Vangeance

© 2025 Noëlline Vangeance

Couverture : Anaïs Ringue
Correction : Quentin Zenner

Édition : BoD · Books on Demand,
31 avenue Saint-Rémy, 57600 Forbach,
bod@bod.fr
Impression : Libri Plureos GmbH,
Friedensallee 273, 22763 Hamburg (Allemagne)

ISBN : 978-2-3224-8892-6
Dépôt légal : février 2025

À ceux qui ont aimé innocemment et qui ont fini par être déçus.

Quand je te regarde,

Je souris,

Ta joie me poignarde,

Et ma vie s'embellit.

Et par mégarde,

Je rougis,

Mais encore je te regarde,

Et mes pensées s'écrient :

Je t'aime à la folie.

Sur terre, tu es mon soleil,

Comme l'une des sept merveilles.

Je t'ai vue la veille,

Dans mon sommeil,

Mais à mon réveil,

Tu n'étais plus pareil.

Plus rien d'exceptionnel,

Ni de rationnel,

Mais notre amour est éternel,

Au-delà de nos querelles,

Je t'aime.

Il y a des moments où ça ne va pas, il y a des moments où j'ai l'impression que ça n'ira jamais mieux, que je resterai bloquée dans tout ce qui est négatif. Parfois, j'ai beau paraître heureuse, au fond de moi je n'ai pas l'impression de l'être réellement. C'est comme si je me mentais à moi-même.

Toutefois, lorsque tu me souris, lorsque tu me regardes comme tu sais si bien le faire et lorsque tu rigoles, plus rien n'a d'importance. Toute la négativité qui me colle à la peau s'évapore en un instant. Tout ce qui me tracasse l'esprit s'échappe. Toutes mes angoisses disparaissent. Tout s'en va, comme si cela n'avait jamais existé, comme si cela n'avait jamais été présent. C'est quand tu es là que je vais le mieux. C'est pour ça que parfois, j'aimerais toujours être à tes côtés, pour oublier les angoisses et la réalité qui ne cessent de me rattraper.

Dès que je prononce ton prénom, je ne peux m'empêcher de sourire. Comme si le simple fait de penser à toi pouvait régler tous mes tracas. *Je crois bien que c'est le cas.*

Ton cœur est si pur,

Qu'il a brisé mon armure.

Malgré mon cœur obscur,

Tu as refermé cette déchirure.

Même le soleil n'est pas aussi épanoui que moi lorsque je suis à tes côtés.

Tu m'as volé mon cœur. Tu es venu et tu l'as pris sans que je puisse y résister. Mais tu sais quoi ? Si mon cœur doit appartenir à quelqu'un, *il n'y a qu'à toi qu'il doit revenir.*

Je t'aime comme les humains aiment regarder les étoiles ; *il n'y a que toi qui me fait voyager.*

Tel un poète,

Tu m'as sauvé de la tempête,

Tout en apportant de l'espoir,

Tu as réussi à m'émouvoir.

Tu es arrivé comme une comète,

Et tu m'as pansé de façon honnête,

Depuis, dans mon cœur il a cessé de

pleuvoir,

Je crois bien que mon amour est notoire.

Si tu connaissais,

Mon précieux secret,

Si tu savais,

Tout ce que mon cœur ressent,

Si tu apprenais,

Tous mes sentiments,

Si tu connaissais,

Mon précieux secret,

Si tu lisais,

Ce poème élégant,

Si tu écoutais,

Cet honnête chant,

Si tu entendais,

Mon amour se déclamant,

Si tu connaissais,
Mon précieux secret,

Si là, tu étais,
*– Même si je te préférerais dans mes
bras –*

Si là, tu étais,
Serais-tu impatient ?

Si tu savais,
Tout ce que mon cœur ressent,

Si tu savais,
Que depuis longtemps,
Que depuis tout ce temps,
L'amour a été absent,

Et pourtant,

Si tu connaissais,

Mon précieux secret,

Tu saurais,

Que ce que mon cœur ressent,

Il ne l'a jamais ressenti auparavant.

Pour aimer,

Il faut être courageux,

Car l'amour rend nerveux,

Parfois il peut même être dangereux,

Mais il peut aussi être précieux,

Et j'aimerais faire un vœu,

Alors soyons audacieux,

Car ensemble, notre amour sera
majestueux.

Tu apaises mon cœur,

à toute heure.

Parfois,

j'ai juste envie que tu me prennes dans
tes bras

et que tu ne me relâches plus jamais.

Allons nous embrasser sous la pluie,

Allons danser sous la neige,

Allons nous enlacer sous l'orage.

Notre amour bravera toutes les tempêtes

et nos sentiments deviendront les rayons

lumineux de nos vies.

Pour cela, il suffit que tu dises : oui.

Tu es rentré dans ma vie comme une étoile filante,

Tu l'as rendue brillante, charmante et élégante,

– Mais rien ne l'est autant que toi.

Prends ma main,

Et allons écrire notre destin,

Vivons cet amour divin,

Jusqu'à ce que notre lien,

Défie le destin,

Et que l'avenir incertain,

Capitule par notre amour sain,

Le temps sera mien,

Mon cœur sera tien,

Nous ne ferons qu'un.

Si demain ne vient pas,

Si demain n'existe pas,

Je me réfugierai dans tes bras,

Car tes bras,

Sont tout ce dont j'ai besoin.

Aimons-nous comme si notre vie en dépendait.

Embrassons-nous comme si c'était la dernière fois.

Regardons-nous comme si nous mourions demain.

Mais n'oublions jamais les moments passés.

N'oublions jamais ces souvenirs créés.

Ne nous oublions jamais.

Même si le monde se faisait envahir,

même si le soleil venait à exploser,

même si notre ville se faisait engloutir.

Même si notre amour venait à prendre fin.

Ne nous oublions jamais.

J'ai toujours idolâtré l'amour. Les
relations saines et sincères ont toujours
été un mirage à mes yeux. Un mirage,
parce que j'en rêvais, mais au fond,
j'étais intimement persuadée que la
réalité ne pouvait se passer ainsi. Et
pourtant, je l'ai rencontré et là, j'ai
compris que les rêves pouvaient devenir
la réalité.

Ta main entrelacée à la mienne – *il n'y a rien de plus sensationnel.*

Je ne peux pas détacher mon cœur de ton regard.

Mon âme se réjouit dès qu'elle te voit.

Ton absence est un vide, qui se creuse en moi un peu plus à chaque instant. Être à tes côtés est le synonyme de vivre un rêve éveillé. Alors lorsque tu n'es pas là, je ne vis pas ; *j'essaie de rêver pour te retrouver.*

Le soleil a beau me faire mal aux yeux,
il ne m'éblouira jamais autant que toi.

Ses rayons ont beau me réchauffer, ils ne
seront jamais aussi confortables que tes
bras.

Sa présence a beau me redonner le
moral, elle ne me fera jamais autant
sourire que la tienne.

Sa lueur sur ma peau a beau m'apaiser,
ce n'est pas elle que je rêve de sentir sur
mes lèvres.

Quand tu n'es pas là, il y a un vide en moi.

Un vide immense, que tu es le seul à combler.

Les mots ne sont pas assez puissants.

Les mots sont bien trop pauvres pour exprimer à quel point tu es important pour moi. Pour exprimer celui que tu es, celui que j'aime. Tu mérites des mots qui doivent être à ta hauteur, mais tu es tellement supérieur que rien ne peut t'égaler.

Les mots s'inclinent face à toi.

Qu'est-ce que tu ressens quand tu es avec lui ? Je ressens tellement d'émotions que je ne serais pas capable de l'expliquer. Avec lui, un nouveau monde s'offre à moi. Je veux juste vivre le moment présent. Je veux simplement que ces moments ne s'arrêtent jamais.

La question est plutôt de savoir ce que je ressens en son absence.

C'est dans ces moments qu'on se rend compte si on tient véritablement à une personne. C'est dans ces moments qu'on se rend compte si son absence crée un vrai manque au fond de soi. C'est dans ces moments qu'on se rend compte si on a besoin de cette personne pour avancer. C'est dans ces moments qu'on se rend compte si on veut cette personne à ses côtés pour toujours ou *non*.

Dans tes yeux,

Je vois le monde dans lequel j'aimerais

vivre : *à tes côtés pour toujours.*

Quand tu es là, plus rien ne compte, plus rien à part nos deux cœurs battants à l'unisson.

Lorsque ta main se referme sur la
mienne,
Mon cœur fait un bond dans ma poitrine,
Tu prends cette angoisse – *ancienne*,
Et elle ne devient que ruine,

Car ta main dans la mienne,
Embellit tous mes espoirs,

Tu détiens mon cœur dans ta main,
Mon cœur que tu as réussi à dompter,
Mon cœur que tu as réussi à apaiser,
Mon cœur, qui te revient de droit.

Je ne savais pas ce que c'était d'aimer,
jusqu'à ce que je te rencontre et que je
me rende compte que je voulais faire
partie de ta vie.

Il n'y a que toi qui me fais ressentir ça.
Tout ça. Ce torrent d'émotions. Cette
tempête de sentiments. Après tout, il n'y
a que toi qui me fais perdre la tête. Il n'y
a que toi dans mes pensées, tout le
temps.

Si je souffre, si je vais mal, si j'ai besoin

Je t'en prie,

Prends-moi dans tes bras.

En revanche, ne me relâche pas – *jamais*.

Car dans tes bras, je me relèverai de
toutes les épreuves. Dans tes bras, je
retrouverai la force de me battre. Dans
tes bras, mes maux disparaîtront. Dans
tes bras, ma joie reviendra. Dans tes
bras, c'est là qu'est ma place.

Qui n'a jamais songé,

Qui n'a jamais rêvé,

De son premier baiser ?

Lorsque je pensais au premier baiser,

S'agrippait à moi, mon amie préférée,

La seule et l'unique, anxiété,

Car rien qu'à cette pensée,

Mon cœur avait envie de se réfugier,

Et mon esprit avait envie de pleurer,

Lorsque je pensais au premier baiser,

Puis quand j'en parlais à mes

coéquipiers,

Ils s'efforçaient de dédramatiser,

L'image effrayante, qui me rongeait,

Ils s'efforçaient de dédramatiser,

Ce que je ressentais,

Sans pour autant essayer de comprendre
cette angoisse – écervelée,

Lorsque je pensais au premier baiser,
J'aurais voulu être apaisée,
Et pourtant, je ne l'ai jamais été.
Pourquoi tant stresser, pour quelque
chose de si léger ?
Pour quelque chose qui t'es destiné ?

Lorsque je pensais au premier baiser,
J'étais angoissée.
Mais avec toi et dans tes bras,
Ce combat – envers moi,
N'a plus lieu d'être.

Tes bras, voilà mon bouclier.
Toi seul à apaiser mon cœur,
Toi seul à réussi à dérober mon cœur,

Tout en le pansant de ton amour tu as
effacé les traces de mes angoisses.

Tes pupilles dans les miennes,
Ta main dans la mienne
Et maintenant : tes lèvres sur les
miennes.

Lorsque je pense à mon premier baiser,
Lors de cette fameuse soirée,
En écoutant cette chanson,
Mon âme entière se met à briller.

Mes bras ont été attirés jusqu'à toi,
J'aurais voulu rester collé à toi,
Car lorsque je me suis détachée,
J'ai ressenti ce vide, celui que tu es le
seul à combler.

Ton regard m'a envoûté,

Il a parlé à ta place,

Ton regard m'a livré,

Ce que ton cœur hurlait,

Alors comme si cela ne m'avait jamais

angoissé,

J'ai suivi le mouvement,

Tes lèvres ont réconfortés les miennes,

Tes bras ont réconfortés mon cœur,

Tu m'as apaisé,

Alors que personne ne l'avait réussi

auparavant.

Lorsque mes lèvres touchent les tiennes,

un autre monde s'offre à moi.

Mes mains sont glacées,

si seulement tu étais là pour les

réchauffer...

Après tout, tu as transformé mon cœur

de glace en un cœur qui ne rayonne, qui

n'étincelle, qui ne bat que pour toi.

Mon cœur pleure d'amour.

Mes yeux luisent d'amour.

Mes pensées hurlent d'amour.

– seulement pour toi.

Mes bras ne voulaient pas te lâcher.

Mes lèvres ne voulaient pas se détacher des tiennes.

Je ne voulais pas m'éloigner, je ne voulais pas me détacher de toi. Te regarder était un plaisir douloureux. Je me noyais dans ton regard, mais cette fois-ci, j'ai cru que j'allais couler pour de bon.

Je veux qu'on se regarde, qu'on se lise et
qu'on s'apprenne. Je veux que tu me
regardes. Je veux que tes yeux ne soient
posés que sur moi. Je veux pouvoir
ressentir dans tes yeux tout ce que ton
cœur ressent.

Je veux pouvoir lire le reflet de mon
amour dans tes pupilles. Et admirer à
quel point notre amour nous rend
heureux.

Il existe sept merveilles dans le monde, mais il en manque une : *l'amour que l'on se porte*.

Je pense à toi.

Je ne pense qu'à toi.

Je pense à notre amour.

Je pense à nous.

Et un sourire s'épingle sur mon visage –
il ne s'en va pas.

Et mes pensées divaguent – sans jamais
revenir.

Et mon esprit est dans un autre monde –
dans lequel il reste tout le temps.

Et je deviens la personne la plus
heureuse du monde – pour toujours, si tu
restes à mes côtés.

Si seulement tu pouvais être là,

Si seulement tu étais là,

Si seulement tu étais à mes côtés.

Tu aurais pu me calmer, comme tu sais si bien le faire.

Tu aurais pu m'apaiser.

Tu aurais pu m'enlever toutes ces pensées qui polluent mon esprit.

Tu aurais pu me faire oublier ces angoisses, qui reviennent inlassablement, se loger dans mes pensées fragiles.

Tu aurais pu me prendre dans tes bras.

Et j'aurais pu me perdre dans ton regard et y laisser mes angoisses.

J'aimerais que tu sois à mes côtés.

C'est précisément dans ce genre de moment que tu ne deviens plus un besoin, mais une *nécessité*.

Dans ces moments où ma tête tourne, où mes pensées divaguent, où mes yeux se ferment sans que je puisse y résister, où mon esprit s'éteint.

Dans ces moments où la fatigue m'envahit, où l'angoisse revient, où mon cœur bat à une vitesse folle, où je n'ai qu'une envie : dormir pour toujours.

C'est lorsque l'angoisse arrive, que les questionnements sans fin reviennent, que la remise en question m'attaque.

Lorsque je sens les battements de mon cœur s'affoler.

Lorsque j'entends à nouveau cette voix, s'insinuer dans mon esprit, *je sais ce qui va m'attendre.*

Je tremble. Je me sens ridicule, nulle, incapable. J'ai envie de rester seule. Je me renferme. Pourtant, c'est dans ces moments-là que j'ai terriblement envie que tu me prennes dans tes bras, que tu me regardes comme si j'étais la seule à

tes yeux, que tu ne décroches pas tes
lèvres des miennes. Que tu sois là et que
tu ne repartes jamais.

La distance me perfore le cœur.

Dire que tu me manques n'est pas un
euphémisme, c'est un mensonge.

Tu es tout ce dont j'ai besoin.

Il n'y a qu'avec toi que je rigole autant.

Il n'y a qu'avec toi où mon sourire est
épinglé sur mon visage. Il n'y a que toi
qui arrive à le conserver.

Il n'y a qu'avec toi que j'ai envie que le
temps s'arrête. Parce qu'il n'y a qu'avec
toi où je savoure chaque instant de la vie.
Parce qu'il n'y a qu'avec toi où je me
sens en sécurité. Parce qu'il n'y a qu'avec
toi où chaque petit instant devient
quelque chose d'exceptionnel. Parce qu'il
n'y a qu'avec toi où je peux être celle que
je suis, sans craindre quoi que ce soit.
Parce que nous sommes faits pour être
ensemble, tout simplement.

Je veux t'embrasser sous la pluie,

Je veux te tenir la main sous un ciel
étoilé,

Je veux m'endormir à tes côtés au petit

matin,

Je veux regarder le lever du soleil dans tes bras,

Je veux courir avec toi en pleine nuit,

Je veux profiter de chaque instant.

Chaque instant que je passe à tes côtés est merveilleux. Même ce qui a de plus banal, devient fantastique.

Je t'ai vu et mon cœur s'est remis à battre.

Tu as effacé tout ce à quoi je pensais,
pour ne laisser qu'une chose dans mon
esprit : la trace de ton amour.

Tu m'as fait oublier tout ce que je m'efforçais d'enterrer au plus profond de moi. Tu as réussi à faire cela en une fraction de seconde, alors que je travaillais dessus depuis plusieurs jours. Tu as tout effacé d'un revers de main, si facilement et si rapidement, que je me suis même demandé comment ces pensées avaient pu me faire souffrir autant. Alors que toi, tu les as enlevées de mon esprit à l'instant même où tu as posé ton regard sur moi. Comment peux-tu m'être aussi important ? Comment peux-tu faire ce que moi-même n'arrive pas à faire ? Comment peux-tu avoir un pouvoir aussi grand sur moi ?

Je t'aime à en crever,

Mais même si je *pourrais* mourir pour

ton sourire,

Je ne le *pourrais* pas,

Car cela voudrait dire,

Que notre amour n'existera plus.

Et qu'une telle chose se produise, c'est

tout bonnement impossible.

À toi tout seul, tu arrives à me transporter dans un autre univers. Tu arrives à me faire oublier tout ce qui me tracasse. Tu arrives à effacer mes doutes. Tu arrives à enlever mes angoisses. Tu arrives à faire tout ce que mes passions étaient les seules à réussir. Le temps passe si vite avec toi. Je me sens si bien, comme si nous vivions dans un univers utopique, dont seuls toi et moi avions les clés.

Si l'amour c'est trouver son oxygène,
alors tu es le mien.

Quand tes pupilles se plongent dans les miennes, j'ai envie que tes lèvres les rejoignent.

Ton regard, c'est de l'art.

On dit qu'aimer, c'est fantastique. Mais ce qui l'est encore plus, c'est aimer aimer. Car si l'on aime sans vraiment aimer la personne que l'on aime, il n'y a aucun intérêt à aimer.

Je n'aime pas seulement celui que j'aime. J'aime l'aimer.

Je veux te protéger, prendre soin de toi, te voir heureux et que tu vives la vie que tu souhaites. Je veux t'aider à avancer. Je le veux du plus profond de mon âme.

Car tant que tu ne seras pas épanoui, je ne pourrai jamais songer à l'être moi-même.

Et si on s'aimait pour l'éternité ?

Si je suis la lune, tu es mon soleil. Celui qui illumine ma vie. Celui qui illumine ma vie, qui réchauffe mon existence, qui me donne une raison de vivre et une motivation pour avancer. Celui qui a fait tomber dans ses bras un cœur glacial et une âme en peine

Quand je regarde le ciel,

Je te vois,

Car l'amour que je te porte est si puissant
que même les cieux en sont au courant.
Les oiseaux sont tombés amoureux de
nous en nous voyant. Ils se sont alors
envolés là où l'amour est le centre du
monde. Puis ils ont dit aux Anges que
deux humains s'aiment à en crever. Les
Anges ont pris exemple sur notre
relation saine et pure et ont dit aux
Dieux de nous admirer. Et quand la pluie
ruisselle à nos fenêtres, ce sont tout
simplement les pleurs de ces êtres
supérieurs qui déferlent en nous
observant. Leurs larmes, remplies de
bonnes intentions, nettoient tout sur leur
passage et rendent les amours encore
plus resplendissants. Puis, après la pluie,

vient le beau temps, avec les arcs-en-ciel visibles seulement par les âmes qui aiment profondément, par ceux qui sont destinés à être ensemble. Donc, si je te vois, c'est tout simplement parce que le ciel est le reflet de celui qu'ils observent sur terre. Parce qu'ils n'observent que des merveilles vivantes, et tu en fais partie.

Tu m'as envoûté,

Et tu continues à m'envoûter chaque jour, dès que j'ancre mes pupilles dans les tiennes. Mais lorsque tu me regardes de ta façon si particulière et que tu joues de tes pouvoirs, je ne fonds pas, je me désintègre. Tout l'amour que je ressens pour toi me saute au visage, et il est impossible de rester impassible, de rester neutre face à celui qui possède mon cœur et en prend soin, face à celui qui le panse à chaque instant.

Ton amour,

Vient à mon secours.

Et ton regard,

Grave en ma mémoire,

Tous les sentiments,

Étincelants, comme des diamants,

Que j'éprouve à ton égard.

L'amour est venu au moment où je m'y attendais le moins.

Il m'a surprise, m'a prise de court, et m'a ouvert ses bras.

Il m'a fait entrer dans son monde et m'a montré l'étendue de son pouvoir.

L'amour m'a attrapée au moment où je m'y attendais le moins,

et je ne veux plus qu'il me relâche. Plus jamais.

Je ne cherchais personne, et pourtant, tu m'as trouvé.

Peut-être que le véritable amour, c'est celui qui nous *panse* sans même s'en rendre compte.

C'est celui qui nous *répare* là où nous ne savions même pas que nous étions cassés.

C'est celui qui nous *sauve* par sa simple présence.

Merci de me faire sourire, même dans les moments difficiles.

On s'est rencontrés, sans en comprendre la raison, et pourtant, nous deux cela sonne comme une évidence.

Tu es mon soleil,

Même dans la nuit, tu étincelles.

Tu es mon guide,

Un rêve lucide.

Si le monde est contre toi, alors nous combattrons main dans la main.
Ce sera nous contre le reste du monde,
Deux cœurs reliés par le destin, unis contre tous.

Tu es la seule et unique âme que je désire aimer sur cette terre.

Ton regard

      est si tendre

Tes gestes

      sont si doux

Ta voix

      est si apaisante

Ton sourire

      est si splendide

Ton cœur

      est si pur

Ton âme

      est si étincelante

Ton amour

      est si sain

Tu es mon soleil, et je te protégerai de
ceux qui essaieront de voler tes rayons,
ceux qui éclairent ma vie.

Je suis un nuage sombre perdu dans les tréfonds de minuit, et toi, tu es là. Tu es le seul soleil à avoir le courage d'entrer dans cette obscurité, pour me prendre par la main et me sortir de là. Tu pénètres dans ce monde toxique pour venir à ma rencontre et m'en libérer. Tu avances sans craindre quoi que ce soit, sans te soucier de ce qui t'entoure.

Serait-ce le destin,

Qui t'a mis sur mon chemin ?

Un musicien

A rencontré un écrivain.

Quel désordre poétique adviendra si

notre relation se transforme en venin ?

Tu es un soleil,

Et tu étincelles,

Aussi bien dans mon sommeil

Que dans mon réveil.

Dans tous les cas, tu m'émerveilles.

Et même lorsque je regarde le ciel,

Rien n'est plus naturel

Que ton charme,

Rien n'est plus fidèle

Que nos sentiments.

Nous ne savons pas si notre relation sera éternelle,

Mais ce qui est sûr, c'est qu'elle est bel et bien surnaturelle.

Alors, chère petite abeille,

Viens butiner mon cœur rebelle,

Je te l'offre.

Alors, mignonne coccinelle,

Tu commenceras ton règne,

Car tu es une simple mortelle.

Et je te rappelle

Que le temps est cruel,

Car il sépare toujours les amours

inconditionnels.

Mais malgré tout, notre amour restera

immortel.

Cet après-midi-là,

Ton regard est devenu le ciel dans lequel

je me suis perdu en plein jour d'été.

Tes bras sont devenus le refuge de mes

rêves les plus doux.

Tes lèvres sont devenues l'apologue de la

tendresse d'un léger vent.

Il y a les je t'aime que l'on reçoit et qui nous font sourire, puis ceux que l'on ressent et qui nous transpercent le cœur.

Quand ses lèvres ont touché les miennes,

ce jour-là, il a *embrasé* mon âme.

La beauté de ton cœur, m'a fait
comprendre la bonté de ton âme.

Tu m'embrasses,

Assassin des sentiments,

Tu m'as assommée,

Ton assaut romanesque,

M'a insufflé,

Une envie insensée,

De t'aimer sans limites.

Tu injectes tout ton amour dans mon
cœur,
Tu me panses avec chacune de tes
attentions,
Tu prends soin de moi dès que ton regard
m'effleure.

Je t'aime comme la lune aime la nuit,

avec toi, je me sens en sécurité,

Je t'aime comme les oiseaux aiment la
liberté,

avec toi, je peux être moi-même.

Je t'aime comme les plantes aiment le
soleil,

avec toi, je suis épanouie.

Dans ces moments, il est le seul à existers. Même entouré de personnes, même s'ils sont une dizaine, il n'y a que lui. Il n'y a que lui à mes yeux. Il n'y a que lui que mes yeux captent. Il n'y a que lui qui brille. Il n'y a que lui qui attire mon regard. Il n'y a que lui dans mon cœur.

Qu'est-ce que l'amour ?

L'amour, c'est t'avoir dans mes pensées, du matin en me réveillant au soir en m'endormant, jusque dans mes rêves.

L'amour, c'est sourire en voyant ton prénom s'afficher sur mon écran, c'est sourire en pensant à toi.

L'amour, c'est te regarder et te sourire sans même s'en rendre compte, sans même pouvoir s'arrêter.

L'amour, c'est rire pour un rien.

L'amour, c'est se réfugier dans tes bras.

L'amour, c'est t'enlacer et ne plus vouloir te lâcher.

L'amour, c'est vouloir m'endormir à tes côtés.

L'amour, c'est se sentir en sécurité à tes côtés.

L'amour, c'est découvrir un autre monde

quand tes lèvres touchent les miennes.

L'amour, c'est te dire ce que mon cœur ressent.

L'amour, c'est te regarder dans les yeux et me perdre dans ton regard.

L'amour, c'est t'admirer.

L'amour, c'est te regarder comme si tu étais le seul à exister sur terre.

L'amour, c'est vouloir te rendre heureux tout le temps.

L'amour, c'est t'encourager dans tes choix et te soutenir dans tes décisions.

L'amour, c'est te suivre dans les voies que tu entreprends.

L'amour, c'est être prêt à t'écouter et t'épauler, peu importe quand.

L'amour, c'est être à tes côtés.

L'amour, c'est s'intéresser à ce qui te fait vibrer.

L'amour, c'est partager des moments.

L'amour, c'est apprendre à connaître ce qui te passionne.

L'amour, c'est être reconnaissant envers la vie pour t'avoir mis sur mon chemin.

L'amour, c'est tout ça et je ne le suis que pour toi.

J'aimerais tellement que tu saisisses à quel point je t'aime, à quel point ce que j'éprouve pour toi est sans limite, à quel point je tiens à toi, à quel point tu es fondamental dans ma vie. Mais aucun mot n'est assez puissant pour te le faire comprendre. Alors, j'ai essayé d'en associer plusieurs ensemble. J'ai tenté quelque chose. J'ai décidé de te dédier tous ces vers, toutes ces pensées, tout ce recueil. Parce que j'ai l'espoir que, de cette manière, tu comprennes à quel point je t'aime*ais*.

Ne trouves-tu pas le temps grisâtre ?

Comment pourrais-je le trouver terne,

alors que le seul ciel que j'admire est

celui ancré au fond de ses iris ?

On nous a dit que notre maison était un bâtiment.

Moi, j'ai appris qu'elle pouvait être quelqu'un.

Je suis partie,

Tu m'as suivi.

Je me suis arrêtée,

Tu m'as regardée.

J'ai attendu,

Tu m'as pris dans tes bras.

Je me suis étendue,

Tu m'as relevée.

Je me suis perdue,

Tu m'as raccompagnée.

Cette nuit-là, tu m'as pris dans tes bras. Cette nuit-là, tu es devenu le prince charmant qui accourt au côté de sa bien-aimée. Cette nuit-là, j'ai eu l'impression que le soleil se levait ; pourtant, *je te regardais simplement.*

Je ferais des cœurs,

sur tout ton corps.

Nous nous lirons en nous livrant, cœur à corps et corps à cœur.

J'embraserai ton corps et nos cœurs s'embrasseront.

Tout est éphémère.

– même mes sentiments, mêmes nos souvenirs, même la muse que tu étais.

Remerciements

Merci à toi.

Biographie

Je m'appelle Noëlline Vangeance et l'écriture est ma passion depuis que j'ai douze ans. À quatorze ans, j'ai eu la chance de publier ma première duologie de fantasy chez Jenn Ink Éditions (« Emeraude », Tome 1, et « Saphyr », Tome 2). La poésie a toujours occupé une place spéciale dans mon cœur, et je suis heureuse d'avoir écrit ce tout premier recueil. En plus de ces œuvres, j'ai écrit d'autres romans que j'essaie actuellement d'éditer. Vous pouvez me retrouver sur Instagram et TikTok sous le pseudo ivre.des.maux ou le nom Noëlline Vangeance, où je partage mon univers.